PA-PE-Ra®

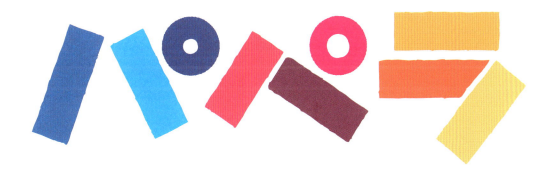

1枚の紙から作って遊べる動物たち

作　よしはら じゅんいち

もくじ

PA-PE-Ra® パペラってなあに？	4
はじめに	6
道具（どうぐ）	8
作り方の基本（つくかたのきほん）	10
ねこ	14
まねきねこ	16
ヘビ	20
ふくろう	24
羽（は）ばたくふくろう	26
ペンギン	30
空飛（そらと）ぶペンギン	32
うさぎ	36
かけっこうさぎ	38
あとがき	40
著者紹介（ちょしゃしょうかい）	41
かたがみ	43

PA-PE-Ra パペラ ってなあに?

　パペラは、作りたい動物や鳥や昆虫などを、お手本のとおりに折って作る、そんなふつうの折り紙とは少しちがいます。

　パペラは、1枚の紙を折ったり、曲げたり、ねじったりして、紙の中から自分の好きなモノを見つけ出す紙遊びです！

　作者の吉原さんは、紙の中からふくろうやねこ、ヘビやペンギンなど、さまざまな生きものを見つけ出す、動物さがしの名人です。

　吉原さんは、ジャングルに分け入ったり、高い山に登ったりはしません。いつも、お茶を飲みながら、小さな1枚の紙を折ったり、曲げたりねじったり、たまにはハサミで一直線に切れ目を入れたり、うずまきのような線を切り進めてみたりしながら、生きものさがしをしています。

　そうして紙で遊んでいるうちに、ねこの顔や、ヘビがとぐろをまいているようす、ふくろうが飛び立とうとするところなどが、吉原さんの目に飛びこんできます。その瞬間を忘れないうちに、紙に目を描き入れたり、羽根を描き入れたり、くちばしを描き入れたりしてできたのが、パペラです。

　パペラは誰にでもできる、とてもかんたんな紙遊びです。とはいっても、最初からみんなが、1枚の紙の中にかくれている生きものたちを、じょうずに発見できるとはかぎりません。
　まず、この本を参考にして、吉原さんが見つけた動物たちを実際に作ってみることで、自分だけの生きものさがしのトレーニングをはじめましょう！

　パペラは、1枚の紙の中からいろいろなモノを発見する、新しい遊びです！

はじめに

PA-PE-Ra®

パペラは、紙の中から好きな
モノを見つけ出す、紙遊びです。
作りかたはかんたん。
切って曲げて、さしこんで
組み立てるだけです。

切りこみを入れて、
紙を動かしてみると……

ピエロの顔を
描いてみました。

切って、うしろに曲げて、
ぐるっと下から前へ。
そしてさしこめば、

ほら、できあがり！

どうぐ
道具

カッターナイフ

ハサミ

カッティングボード

かたがみの切りこみ線やさしこみ線は、ハサミかカッターナイフで切りましょう。カッターナイフのほうが、きれいにしあがります。ハサミとカッターナイフの取りあつかいには、じゅうぶん注意しましょう。

スジ押し用の道具
（書けなくなったボールペン、千枚通しなど、先の固いもの）

定規

作りかたの基本

準備

実線
:切りこみ線です。ハサミやカッターナイフで切れ目を入れましょう。

点線
:山折り線です。点線にそってスジ押ししておきましょう。

破線
:谷折り線です。破線にそってスジ押ししておきましょう。

ポイント

①

②    ③

🔵🔵 → 🔴🔴 → 🟠🟠 の順にさしこもう！

かたがみには、さしこみをするところに🔵と🔴と🟠の印が、それぞれ2つずつあります。同じ色の印どうしを、🔵🔵→🔴🔴→🟠🟠の順番にさしこんで、組み立てます。さしこみが1回しかないものは、かたがみに🔵印が2つ、さしこみが2回のものは、かたがみに🔵と🔴の印がそれぞれ2つずつあります。

パペラには、折り紙にはないいくつかの特徴があります。

図を見てみましょう。折り線にそって顔を折りこんでいくと、耳が立ってきたり、また、2つある🔵のついた切れこみどうしを近づけるようにして紙をひっぱると、顔が前にせり出してきたりします。平面が立体に。直線が曲線に。これは、1枚の紙だからこそできることなのです！

ねこ

ねこ

頭(あたま)のさしこみと、からだをまるめるのがポイント。

準備

組み立ての前に、グレーの実線──にそって、切れ目を入れておきます。
耳と頭、からだにある点線は、スジ押しておきます。──は山折りに、──は谷折りにします。

できるだけ深く。曲げやすくするためのへこみを作りましょう。

1 ●●のさしこみ

まず、耳と頭を組み立てます。両耳を折り立て、左耳の三角の先の●の切れこみを、もういっぽうの●の切れこみにさしこみます。ちょっとたいへんですが、顔の切れ目をかさねながら、奥までしっかりさしこんでください。

2 ●●のさしこみ

足の●1の切れこみを、前に曲げながら、顔の下にある●2の切れこみに、下からさしこみます。

3 ●●のさしこみ

背中のはしにある●1の切れこみを、うしろからからだにかぶせるようにして曲げて、うらになった●2の切れこみにさしこみます。うしろ足になります。前足を出したねこのできあがりです！

下になる部分もまるめてさしこみましょう。

まねきねこ

まねく手を深く折って曲げるのがポイント。

準備

組み立ての前に、グレーの実線にそって、切れ目を入れておきます。からだの3本の折り線と頭の折り線は、スジ押ししておきます。━━━は山折りに、┄┄┄は谷折りにします。

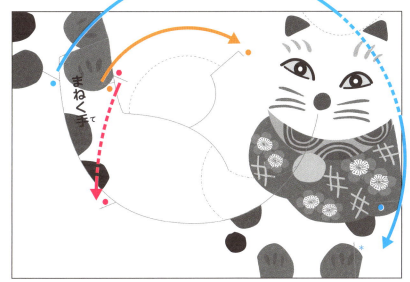

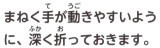
まねく手が動きやすいように、深く折っておきます。

1 ●●左手
●1の切れこみのある手の部分をぐるっとまわして右へもっていき、うでの●2の切れこみにさしこみます。さらに手の先を、＊の切れこみにさしこみます。

2 ●● のさしこみ
うしろで●●の切れこみどうしをさしこみます。

3 ●●まねく手
まねく手の●1の切れこみを、頭の●2の切れこみにさしこみます。奥までしっかりさしこんだら、出ているうでを押しこんで、かたちを整えます。
さいごに、耳の間を折りこんで、できあがりです。

ヘビ

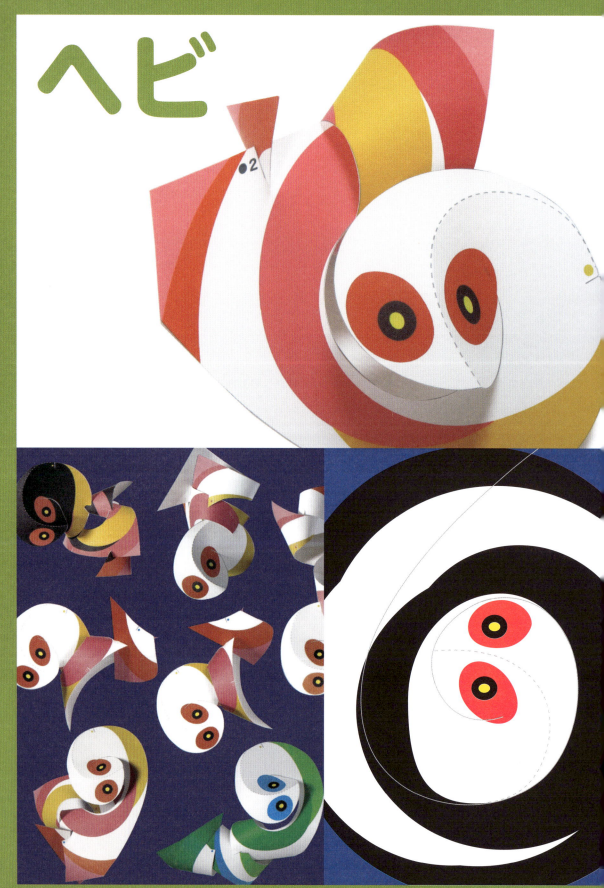

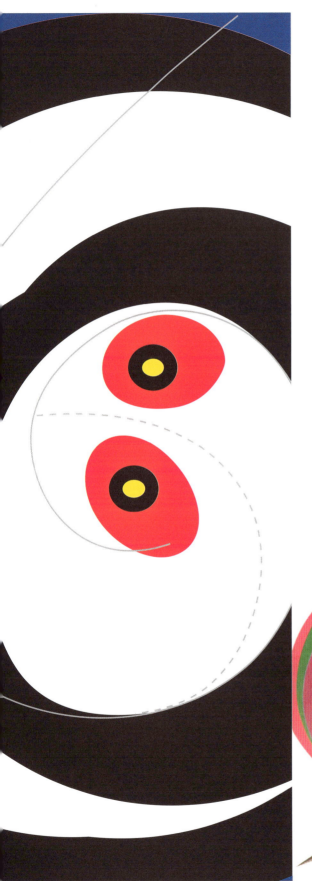

ヘビ

切りこみ線はうずまきの1本だけ。くるくるひねって組み立てます。ひねりとさしこみの位置を変えると、別の形のヘビになります。いろいろな形のヘビを作ってみよう！

準備

組み立ての前に、グレーのうずまき線 ——— にそって、切れ目を入れておきます。頭の折り線 - - - - はスジ押しして曲げておきます。

1　●● のさしこみ
ヘビのからだを2回ひねって、右の写真のように、●1の切れこみ（うらむき）を、中央の●2の切れこみにさしこみます。

ここを出しておく。

2　●● のさしこみ
出しておいた部分の●1の切れこみを、胴にある●2の切れこみにさしこみます。

3　●● のさしこみ
さいごに、首と胴の●の切れこみどうしをさしこんで、できあがりです。

＊首のこの部分を中に入れて、●●の切れこみどうしをさしこみます。

ふくろう

ふくろう
さしこみは 2 回だけ。

準備

顔のまわりと目の上、くちばしの白い実線にそって、切れ目を入れておきます。
顔の折り線 ------- にそってスジ押しして山折りにし、目の部分を押しこむようにして、表情を作ります。親指、人さし指で目をはさんでもち、下むきに深く押しこむと、きれいな形になります。

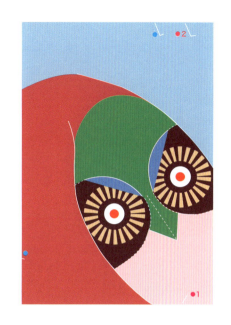

1 ●● のさしこみ
赤と青の羽根を、赤いほうを上にして顔の下で交差させ、●●の切れこみどうしをさしこみます。

2 ●● のさしこみ
さいごにピンクの部分をおろしながら、●1の切れこみを、青い羽根にある●2の切れこみにさしこんで、できあがりです。

羽ばたくふくろう

準備

顔のまわりと目の上、くちばしの実線にそって、切れ目を入れておきます。
顔の折り線 ------- にそってスジ押しして山折りにし、目の部分を押しこむようにして、表情を作ります。

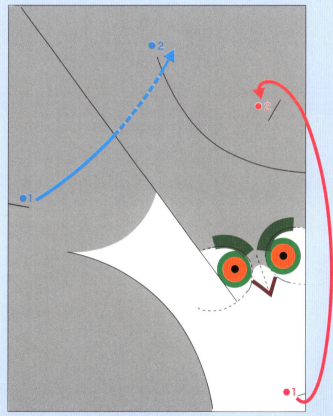

1 ●● 羽根
左にある●1を、からだの下をとおして右にかさね、●2の切れこみにさしこみます。

2 ●● からだ
からだの前の部分をおろしながら、白い部分にある●1の切れこみを、うしろにある●2の切れこみにさしこんで、できあがりです。

ペンギン

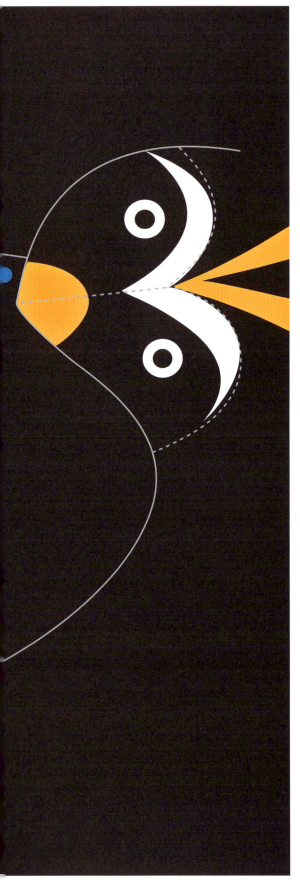

ペンギン

できあがりを
イメージしながら
組み立てよう！

準備

グレーの実線にそって、切れ目を入れておきます。目の上とくちばしの折り線 --------- は、スジ押しします。くちばしをつよく山折りに、目の上も山折りにしておきます。

1 🔵🔵 のさしこみ

からだの左がわをまるめながら、くるっとうらがえします。白いおなかが出てきます。右がわも同じようにして、白いおなかを出します。これで2つの🔵の切れこみどうしが近くなるので、さしこみやすくなります。

2 🔴🔴 のさしこみ

うらがえしになった●1の切れこみを、●2の切れこみにさしこんで、できあがりです。

ここにさしこむ。

空飛ぶペンギン

準備

グレーの実線にそって、切れ目を入れておきます。切りこみ線は4本、さしこみ線は🔵🔴🟡各2本ずつの、合計6本です。くちばしから頭にかけてのグレーの点線は、折り線です。組み立てる前にスジ押しして、目の部分をつまみながら、折り線にそって山折りします。

1 🔵🔵のさしこみ
しっぽの部分をうしろへ曲げて、しっぽにある🔵の切れこみを、台の部分にある🔵の切れこみにさしこみます。

2 🔴🔴のさしこみ
しっぽにある🔴の切れこみも、台の部分にある🔴の切れこみにさしこみます。

🔵と🔴のさしこみが終わったところ。胴体が台に固定されています。

3 🟡🟡のさしこみ
羽根の切れこみを、しっぽの切れこみに、上からさしこみます。

うさぎ

うさぎ

できあがりを
イメージしながら
組み立てよう！

準備

赤い実線にそって、切れ目を入れておきます。顔の折り線はスジ押しします。
――――― は山折り、―・―・― は谷折りにしておきます。

さしこんだら、耳をおこします。

●●の切れこみどうしをさしこんだところ

1 ●● 耳
耳の折り線は谷折りです。まず、左の耳だけ折りましょう。左右の耳の折り線どうしをうらであわせて、右の耳にある●の切れこみを、左の耳にある●の切れこみにさしこみます。

2 ●● からだ
つぎに、うしろで●の切れこみどうしをさしこみます。●1の切れこみを上にして、●2の切れこみにさしこみます。

3 ●● 足もと
図の左がわを奥に押しこみ、まるめます。まるめた先にある●1の切れこみを、右がわにある●2の切れこみに、下からさしこみます。うさぎのできあがりです。

37

かけっこ
うさぎ

紙を大きく動かして組み立てます。

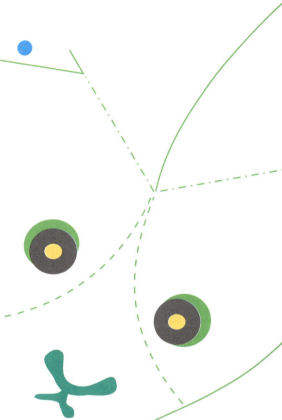

準備

緑の実線にそって、切れ目を入れておきます。

点線 ---------- と破線 ---------- は、スジ押しします。点線は山折りに、破線は谷折りしましょう。

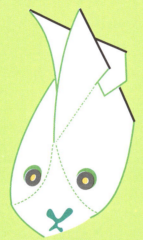

1 ●● 耳
耳の組み立てとさしこみは、前のページのうさぎと同じです。左右の耳の折り線どうしをうらであわせて、右の耳にある●の切れこみを、左の耳にある●の切れこみにさしこみます。

2 ●● からだ
からだの部分をまるめて、●1の切れこみを●2の切れこみに下からさしこみます。

3 ●● 足
●1の切れこみを、うらがえしにまるめながら、●2の切れこみにさしこみます。足が前に出てきます。

あとがき

1枚の紙で遊ぶ PA-PE-Ra® パペラ、お楽しみいただけましたか？

紙を切って、曲げて、さしこんでとめて……このかんたんな作業で、1枚の紙からいろいろな形を見つけたら、顔を描いてみます。こうして、ふくろうが、ねこが、ペンギンができあがりました。

では、なぜ1枚の紙なのでしょうか？ 実は1枚の紙から始めて、その1枚を使いきるからこそ、オリジナルの形ができあがるのです。パーツを足さない、切り取って捨てないということは、決して制約ではありません。1枚の紙にすべてがあると思ってください。たった1回切って曲げるだけでも、紙は立体になるのです。

パペラにはこの本に登場した動物のほかに、パンダ、ライオン、ぞう、くま、うま、金魚、恐竜、そして、トラやフェニックスもいます。サンタクロース、おひなさま、こいのぼり、ハロウィンのカボチャなどを作って、季節の行事を飾ることもできます。

この本で実際にパペラを体験して、紙遊びをもっと楽しみましょう！

最後に、この本の企画刊行にあたってご尽力いただいたみなさまに、厚くお礼申し上げます。

PA-PE-Ra® パペラ 吉原 順一

<small>ちょしゃしょうかい</small>著者紹介

<small>よしはら じゅんいち</small>吉原 順一

1枚使いきりオリジナル・ペーパークラフト PA-PE-Ra®で活動、
ブック・デザイナーとして本づくりも行う。
日本図書設計家協会会員。
www.pa-pe-ra.com

これまでの出品、活動先

千葉まどか幼稚園／株式会社シオザワ／富山市観光物産センター／三鷹市市民健康講座「手先を使ってクラフトづくり」／三鷹市西児童館／三鷹市西社会教育会館「小学校低学年向け工作講座」／代々木公園「アウトドアデイ・ジャパン」／仙台岩切児童館／跡見学園女子大学／甘味処・和／町田南成瀬小学校たからじま／ギフト・ショー／丸善丸の内本店「世界のふくろう展」／紙わざ大賞展／表参道ミュウズカフェ「ねこ・ネコ・猫展」／銀座モダンアート「ある日のにゃー展」「動物園展」／新生紙パルプ商事株式会社特殊紙展示会「北越紀州製紙機能紙の世界」／横浜「アート・デパートメント展」／小田原鈴廣かまぼこ「桜の市」「夏の市」／目黒 Makers'Base「100Makers'OpenBase!」／新橋アトムリビンテック「つつむ展」／三鷹武蔵野ケーブルTV番組「ススメ実年探見隊」出演

パペラ 1枚の紙から作って遊べる動物たち

発行年	2015年 第1刷
著 者	吉原 順一
発行者	小川 光二
発行所	株式会社 大日本絵画 〒101-0054 東京都千代田区神田錦町1-7 TEL 03-3294-7861(代) FAX 03-3294-7865
編 集	藍風館／大前 正則、Pont Cerise／植田 阿希
デザイン	中西 睦未
制 作	DNP ペンギンプロジェクト

© 2015 Junichi Yoshihara
本紙掲載の写真、図版、イラストレーションおよび記事の無断転載を禁じます。

Printed by Tien Wah Press in Malaysia
NDC754 ／ 64p ／ 254×181mm
ISBN978-4-499-28613-8 C2076
落丁・乱丁はお取り替えいたしますので、弊社にご連絡ください。
定価はカバーに表示されています。

PA-PE-Ra

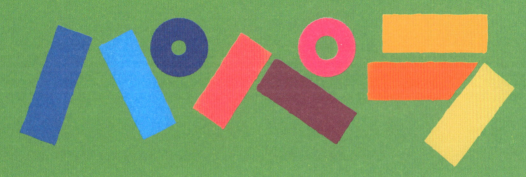

かたがみ

注意：

かたがみはミシン線からていねいに切りとりましょう。
ここに登場するヘビのかたがみ4体のうちの2つには、切りこみ線、さしこみ線が入っていません。好きなところに切りこみを入れて、自由にさしこんで、自分だけのヘビを作ってみよう!

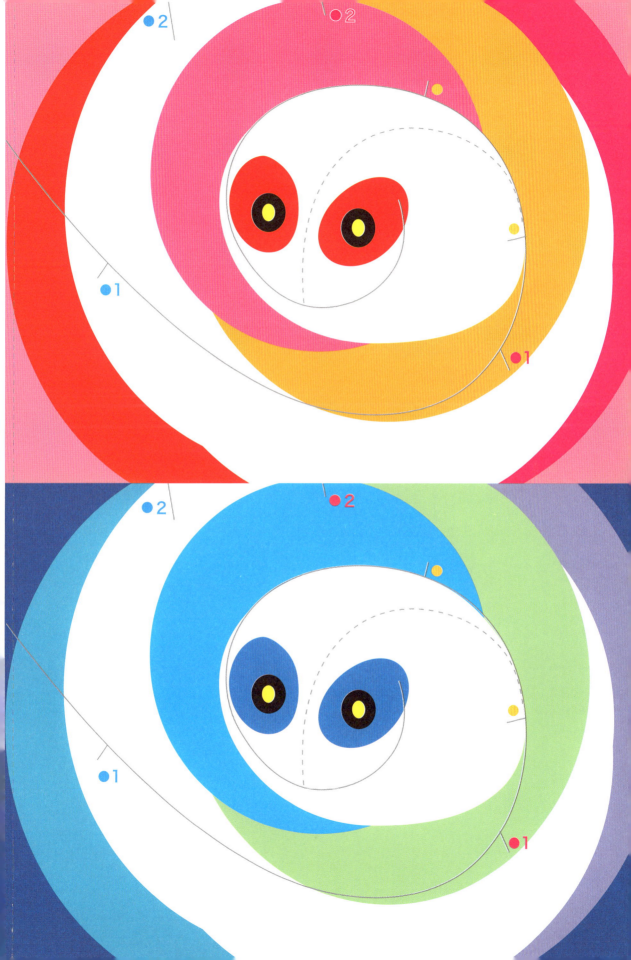